BANQUET

OFFERT

à M. Alphonse Lemerre

à l'occasion de sa promotion au grade

D'OFFICIER DANS L'ORDRE DE LA LÉGION D'HONNEUR

le 24 Janvier 1902

BANQUET

OFFERT

à M. Alphonse Lemerre

à l'occasion de sa promotion au grade

D'OFFICIER DANS L'ORDRE DE LA LÉGION D'HONNEUR

le 24 Janvier 1902

LE 1ᵉʳ JANVIER 1902,
MONSIEVR ALPHONSE LEMERRE
A ÉTÉ PROMV AV GRADE D'OFFICIER
DANS L'ORDRE DE LA LÉGION D'HONNEVR.

LE 24 JANVIER, SES AMIS,
POVR·FÊTER CETTE PROMOTION,
LVI ONT OFFERT VN BANQVET
AV PALAIS D'ORSAY.

Assistaient à ce Banquet

MM. ÉMILE ABRAHAM
H. AUDY
FÉLIX AUGUSTE
GEORGES BAILLET
ÉMILE BAILLIÈRE
LÉON BARRACAND
MARCEL BARRIÈRE
FRÉDÉRIC BATAILLE
CHARLES BAYLE
EDOUARD BEAUFILS
EUGÈNE BELLIOL
LÉON BERNARD
ÉMILE BLÉMONT
LÉON BLOCH
VINCENT BOCCHINO
DOCTEUR S. BONNET
PIERRE DE BOUCHAUD
BRACQUEMOND
JULES BRETON
DOCTEUR BRIDOU
CHARLES BROSSARD
HENRI BUREAUX

MM. ÉMILE CAMUT
CHARLES CANIVET
CARON VEL-DURAND
PAUL CHABAS
ÉDOUARD CHAMPION
HENRI CHANTAVOINE
PHILIPPE CHAPERON
C. CHATOUREL
ADOLPHE CHENEVIÈRE
ALBERT CHRISTOPHLE
GEORGES CLÉMENT
COQUELIN CADET
ERNEST COURBET
P. E. DACLIN-SIBOUR
S. DAVID
ANDREW DAVIDS
JOSEPH DAYAT
CHARLES DELAGRAVE
ALFRED DELMOTTE
LÉONCE DEPONT
GABRIEL DERMAUGT
DEROCLES
EUGÈNE DÉSARNOD
PÉTRUS DÉSARNOD
LÉON DEWEZ
ÉMILE DODILLON
AUGUSTE DORCHAIN
AMÉDÉE DOUCHET
GEORGES DRUILHET
ANDRÉ DUMAS
LÉON DUVAUCHEL
FRANÇOIS FABIÉ
MAXIME FORMONT
FERNAND FOUQUET
PAUL GLACHANT

— V —

MM. ALBERT GRAFF
NATALE GRAZIANI
CHARLES GUASCO
VICOMTE DE GUERNE
DOCTEUR LOUIS GUINON
PAUL HAAG
HABAY
AMÉDÉE HAMEL
COMTE D'HAUSSONVILLE
JULES HAUTECOEUR
JOSÉ-MARIA DE HEREDIA
PAUL HERVIEU
ACHILLE HEYMANN
ALEXANDRE HOUSSIAUX
JULIEN HUDRY
LOUIS HUMBERT
GUSTAVE ISAMBERT
DOCTEUR LUCIEN JACQUET
LOUIS JAUMIN
LOUIS JAUMIN Fils
E. JOLICLERC DE ROLLICE
ÉMILE KAPP
JACQUES KAUFFMANN
LOUIS KLEIN
GEORGES LAFENESTRE
LAIR
PER LAMM
CHARLES LANCELOT
LÉON LANDAU
ADOLPHE LEBRUN
EUGÈNE LEDRAIN
DOCTEUR P. LE GENDRE
CHARLES LE GOFFIC
DÉSIRÉ LEMERRE
ALPHONSE LEMERRE Fils

MM. EUGÈNE LE MOUEL
ANDRÉ LEMOYNE
GEORGES LENEVEU
DOCTEUR G. LEPAGE
ÉMILE LEPRINCE
HENRI LE SOUDIER
MAURICE LÉVY
LÉO LUCAS
S. MACCHIATI
JOSEPH MALESSET
LUCIEN MARC
PAUL MARIÉTON
ERNEST MARTIN
DOCTEUR ALBERT MATHIEU
DOCTEUR H. MÉRY
STANISLAS MEUNIER
CAPITAINE MILLIET
EUGÈNE MONTROSIER
PAUL NADAR
PAUL DE NAY
PAUL NUMA
OUTHENIN-CHALANDRE
EDGAR PATAY
LUCIEN PATÉ
ÉMILE PIERRET
CHARLES PIOGER
EUGÈNE PITOU
PAUL PRIOUX
PAUL RAMEAU
ALFRED REGNOUL
JEAN RENOUARD
LÉON RIOTOR
ABRAHAM ROMAGNOL
DOCTEUR ROUBINOVITCH
CLAUDIUS ROUGE

MM. HENRY ROY
      RÉMY SAINT-MAURICE
      JULES TARTELET
      ANDRÉ THEURIET
      EDMOND THIAUDIÈRE
      CHARLES THION
      PAUL TOSCANNE
      ÉMILE TOUNY
      ÉMILE TROLLIET
      EUGÈNE VALLÉE
      VANDEWALLE
      CAMILLE VERGNIOL
      LOUIS VIDAL
      DOCTEUR A. VIGNALOU
      MAURICE VIOLLETTE
      GASTON VOLNAY
      FERNAND WORMS

AV DESSERT
DES DISCOVRS ONT ÉTÉ PRONONCÉS,
DES TOASTS PORTÉS,
ET DES POÉSIES DITES
PAR
MM. ALPHONSE LEMERRE,
JOSÉ-MARIA DE HEREDIA, ANDRÉ THEVRIET,
ANDRÉ LEMOYNE, PAVL HERVIEV,
PIERRE DE BOVCHAVD,
FRÉDÉRIC BATAILLE.

Mes chers Amis,

E vous remercie d'être venus me féliciter de la haute distinction dont vient de m'honorer le Ministre, M. Millerand.

Ce témoignage d'estime, c'est à vous tous que je le dois, c'est la *Poésie* qui vient d'être glorifiée dans ma personne, et quand je dis la

Poésie, je dis aussi la *Prose*, mais la prose comme on la parle dans ma maison, comme la parlent les Flaubert et les Daudet, les Paul Hervieu et les Marcel Prévost.

Le Ministre du Commerce, en me remettant la croix d'officier, a donc voulu donner aux lettres une marque de sympathie. Je lui en adresse tous mes remercîments.

I

Il y a vingt ans bientôt, dans une occasion semblable, je vous présentais mon fils; il a rempli et il continue à remplir, à mon entière satisfaction et avec le plus grand dévouement filial, la tâche que je lui ai imposée.

Aujourd'hui, si je ne craignais pas d'être traité de réactionnaire voulant fonder une dynastie, je vous présenterais mon petit-fils Alphonse; il porte mon nom, et dans quelques années, je l'espère, il sera auprès de son père ce que Désiré est avec moi.

Je vous le recommande et vous prie de l'aimer, comme vous avez aimé le grand-père!

II

C'est en 1865, il y a trente-sept ans, que j'eus l'idée de remettre en odeur de sainteté les *grands lyriques du* XVI° *siècle,* et Sainte-Beuve dans son *Tableau de la Poésie* m'en donna le titre : *La Pléïade françoise.*

Cette idée, simple en soi, amena chez moi nombre de bibliophiles et quelques poètes admirateurs de Ronsard. De Ricard et Boutier (un ami de Verlaine) furent des premiers; de là le Journal *l'Art,* qui n'eut que quelques numéros, et pas un seul abonné, puis le *Parnasse,* le Parnasse, que tous les hommes graves tournèrent en ridicule. Veuillot, entre autres, dans un article, appelait le passage Choiseul le *Parnasse Choiséul,* et parlant de Leconte de Lisle, après son *Kaïn,* disait que le passage était constamment parcouru par un onagre suivi d'une foule de petits onagres.

* *
* *

Et ceci était ridicule, ridicule pour les Philis-
tins, pour les Bourgeois, mais nullement ridicule
pour nous, qui avions le culte de l'Art, le culte
de la Poésie, le culte du Beau, et qui savions
rester impassibles devant les attaques des envieux
et des méchants.

III

Cependant, dans notre folle jeunesse, nous étions tous des jeunes hommes très raisonnables ; nous ne faisions pas, nous, litière du talent de nos aînés, et les Chénier, les Hugo, les Gautier, les Baudelaire, les Leconte de Lisle et les Banville étaient vénérés à l'égal de *Iavèh*. Je dis de *Iavèh*, car le nom de *Dieu* était trop moderne, trop vulgaire pour être prononcé dans notre cénacle.

Çamtanu, l'Enfant Kriçhna et *Kamadèvah* étaient nos idoles, le *lotus* notre plante favorite, le mot *Marmoréen* avait supplanté les mots *Passion* et *Amour*, et celui de *Talent* était remplacé par le mot *Génie !*

Nous allions en Amérique sur des nefs rapides, en compagnie d'*Okéanos*, et nous laissions le vulgaire *Trois-Mâts* et le *Vaste Océan* aux Ponsard et aux Casimir Delavigne.

*
* *

Dans ce temps-là, je mettais sur mes livres : *Alphonse Lemerre, éditeur,* sans adresse. Je ne mettais pas « *de l'Académie française* » sur mes couvertures.

*
* *

Et les hôtes de cette Librairie, ces *Impassibles,* comme les nommaient nos ennemis, avec un air suffisant et protecteur, s'appelaient Leconte de Lisle, Théodore de Banville, Sully Prudhomme, François Coppée, Mendès, Theuriet, Lafenestre, Cazalis, de Guerne, Heredia, Dierx, Glatigny, André Lemoyne, Silvestre, et tant d'autres si célèbres et si illustres aujourd'hui.

*
* *

. Voilà quelle était alors la petite maison dont on se moquait, maison qui alimente maintenant

3

l'Académie en lui donnant ses meilleurs prosateurs et ses meilleurs poètes.

Et j'ai le droit, grâce à vous, mes amis, d'être fier de cela.

***

Vivons donc dans l'Art, et pour l'Art. Gambetta, à Ville-d'Avray, ne nous disait-il pas, en félicitant Coppée et Sully d'habiter un Temple, le Temple de l'Art, qu'il serait heureux d'en être le Portier...

Moi, j'ai ce bonheur!

IV

Laissez-moi, mes amis, me rappeler l'*Entresol du Passage*, souvenir que l'on trouverait peut-être dans des triolets du cousin de Banville, du poète Gabriel Marc, l'auteur de ce vers ironiquement célèbre alors parmi nous :

La Caisse des dépôts et consignations.

Car souvent on se moquait, entre soi, les uns des autres, et gare à celui qui commettait une faute, un vers ridicule : le mauvais vers le suivait partout, comme ceux-ci, par exemple, d'une pièce jouée alors au Théâtre-Français, et qui faisaient notre joie :

Je m'appelle Michel, et quand on ajoute ange,
C'est qu'on veut me gratter où cela me démange !

*
* *

C'était en 1869, nous préparions le second Parnasse qui parut au moment de la Guerre.

Dans ce petit entresol se trouvaient Leconte de Lisle, Antoni Deschamps, Banville, Heredia, Lemoyne, Dierx, Silvestre, Theuriet, Lafenestre, Mérat, Valade, de Ricard, Verlaine, Glatigny et une foule de plus jeunes oubliés aujourd'hui.

L'entresol était tellement plein que sur chaque marche de l'escalier était assis un jeune poète prêtant l'oreille à la lecture à haute voix des manuscrits, et envoyant son vote avec *fureur* quand les vers étaient mauvais, et avec des *applaudissements frénétiques* quand ils étaient bons.

*
* *

Et c'était le bon temps, le temps où, dans ma boutique, Verlaine et de Ricard hurlaient : Vive Baudelaire et à bas Ponsard; vive Corot et à bas les Poncifs; vive Gambetta et à bas les Prêtres, et faisaient un tel tapage que les vieilles clientes qui étaient venues pour acheter une *Imitation de J.-C.* ou une *Introduction à la Vie dévote*, s'en allaient en faisant de grands signes de croix; le temps où les académiciens d'aujourd'hui faisaient les Gavroches, où l'on parodiait tout, même ses amis, où l'on faisait des distiques, des complaintes, entre autres celle de Berezowski, que Verlaine chantait sur l'air de Fualdès, où Cros composait ses monologues que nous récitait Coquelin Cadet, le soir, à minuit, en sortant du Théâtre-Français; puis c'étaient des fables, des quatrains plus ou moins méchants ou risqués, mais toujours spirituels; c'était Leconte de Lisle avec des mots pleins d'esprit, où se trouvait toujours une pointe de malice et qui me disait : *Ça fait rire, n'est-ce pas ?*

Puis on allait applaudir *la Révolte* de Villiers de l'Isle-Adam, où se trouve la jolie scène de l'horloge qui sonne, pendant que le public attend, une heure, puis deux, jusqu'à six ou sept.

Et nous trouvions géniale cette façon d'indiquer la marche du temps, et nous proclamions Villiers plus grand que Balzac.

*
* *

Tous les samedis, nous nous réunissions chez Leconte de Lisle, boulevard des Invalides, et là étaient récitées les pièces nouvellement faites : Sully nous disait son *Vase brisé* ou *la Grande Ourse;* Coppée, *ses Aïeules;* Theuriet, sa jolie pièce *Jean-Marie;* Heredia, avec sa voix de cuivre, ses superbes *Sonnets* ou la *Détresse d'Atahualpa*, et Leconte de Lisle nous enchantait avec sa *Vérandah* ou son merveilleux *Kaïn*.

*
* *

Et cette adoration du Beau, ce respect absolu de la forme, cette horreur de la vulgarité dans l'expression, d'une part; cet orgueil, si vous voulez, de l'autre, ont fait notre force. On a été obligé de compter avec nous et de s'occuper un peu de ces fous, dont toute la folie est de rimer en cherchant dans la vie un peu d'Idéal.

V

Maintenant, mes chers amis, que ma carrière touche à sa fin, laissez-moi former un vœu, c'est que mon fils et mes petits-fils continuent les traditions de leur père et grand'père, c'est que la boutique du passage Choiseul, où s'est passée mon existence, que j'ai créée avec tant d'amour et tant de joie, soit toujours la maison des Poètes, le Parnasse Choiseul.

DISCOURS

DE

Monsieur José-Maria de Heredia

———

'EST une vieille histoire qui date d'une quarantaine d'années. Elle a tout l'air d'un conte. Elle est pourtant vraie.

En ce temps-là, il vint de Normandie un bon Bêcheur qui voulait travailler sur le riche domaine de la littérature. Ce domaine était encore florissant et bien cultivé, sauf le beau champ de Poésie qui, après avoir produit, dans la première moitié du siècle, une si prodigieuse floraison, était pour lors en jachère, presque en friche, et paraissait à jamais épuisé. Presque toutes ses belles fleurs qui avaient embaumé la France et le monde, étaient mortes. La plus grande, la plus éclatante, la plus magnifique de toutes, dont la vigueur toujours jeune défiait le temps, venait d'être transplantée violemment dans une île lointaine. Les végétations basses et parasites avaient envahi le sol sacré. Elles étouffaient les quelques hautes tiges qui s'obstinaient à fleurir dans l'abandon et dans l'oubli.

Certes l'aspect du jardin de Poésie était triste, mais rien ne put décourager le Bêcheur. Il avait des bras solides, la volonté tenace, une âme hardie et généreuse.

Il planta sa bêche dans le champ, l'enfonça profondément et, déracinant les mauvaises herbes, retourna, féconda la terre et la fit toute refleurir. Le labeur fut rude, la peine longue, le courage plus fort. Aussi, sa journée finie, le bon ouvrier peut-il aujourd'hui, s'appuyant sur sa bêche, contempler, non sans un juste orgueil, l'heureux ouvrage de sa vie.

Cet apologue n'a rien de mystique. Vous la connaissez tous, la marque du Bêcheur. Elle s'inscrit en belle encre noire sur les couvertures claires prêtes à s'ouvrir, comme des ailes, pour faire voler au loin la gloire des poètes. Et j'ose assurer que, dans les bibliothèques de l'avenir, elle tiendra sa place auprès de l'ancre aldine, du lys rouge des Juntes, du griffon de Gryphius,

De la galère d'or de Galiot du Pré,
Ou du satyre ailé de Simon de Colines,

et qu'elle n'aura rien à envier, ni à l'olivier des illustres Estienne, ni à l'ange de Langelier qui édita Joachim du Bellay, non plus qu'au Saint Claude de Nicolas Buon qui imprima somptueusement les œuvres du prince des poètes, Pierre de Ronsard.

Quant au Bêcheur lui-même, le voici!

Je lève donc mon verre plein de mousse et d'or en l'honneur d'Alphonse Lemerre, éditeur des poètes et notre vieil ami!

DISCOURS

DE

Monsieur André Theuriet

Mon cher Lemerre,

près la lyrique allocution de l'excellent poète des *Trophées,* je n'ai plus qu'à vous exprimer en simple prose pédestre la joie que j'éprouve à féliciter ce soir un vieil ami de trente-cinq ans. Car il y a trente-cinq ans qu'au mois de Janvier 1867, sous les auspices de mon brave André Lemoyne, je suis entré pour la première fois dans la boutique du Passage Choiseul.

Je m'en souviens comme d'hier. Il pleuvait à
verse; il faisait un temps à ne pas mettre un
poète à la porte, et cependant moi et mon ma-
nuscrit — un volume de vers qui s'appelait *Le
Chemin des Bois* — nous venions d'être dure-
ment éconduits par trois ou quatre successifs
éditeurs. A cette époque lointaine, les éditeurs
n'étaient pas tendres pour les rimeurs. Je fus
donc tout réchauffé et ragaillardi par le bon
sourire dont m'accueillit ce jeune libraire doux
aux poètes. Non seulement mon premier recueil
reçut chez vous l'hospitalité, mais une hospitalité
princière : beau papier, caractères elzéviriens,
en-têtes, fleurons et culs-de-lampe, enfin tout le
luxe que peut rêver un auteur pour ses débuts.
Depuis, nous avons publié ensemble bien des
livres, je n'ose presque plus les compter, et à
mesure que les volumes se multipliaient, notre
amitié grandissait et se fortifiait.

Donc, en l'absence de nos amis Coppée et
Sully-Prudhomme, retenus l'un par un deuil,
l'autre par la maladie, j'ai gagné à l'ancienneté
le droit de vous dire, au nom de tous mes con-
frères, la satisfaction très vive que nous avons
eue en apprenant la décision ministérielle qui
vous confère la croix d'Officier.

C'est une croix vaillamment gagnée! Pendant
de nombreuses années, vous vous êtes montré
un libraire avisé, laborieux, actif, un éditeur
d'une impeccable correction; mais surtout vous

avez aimé la littérature. Vous avez su grouper et retenir autour de vous toute une pléiade d'écrivains de talent dont les noms sont chers au public. Plusieurs d'entre eux font maintenant partie de cette *Académie Française* que vous vous obstinez à ne pas mentionner sur vos couvertures; d'autres les y suivront bientôt. Et c'est ainsi que vous avez fondé une maison qui est l'honneur des lettres, et que vous pourrez plus tard transmettre glorieusement à votre fils Désiré et à votre petit-fils Alphonse.

Mais, en rendant justice à l'éditeur amoureux des lettres et maître en son métier, je n'ai pas dit tout ce que pensent les convives assis à ce banquet. Il me reste à rendre hommage à l'homme au cœur chaud, d'un commerce si sûr, d'une loyauté à toute épreuve; au libraire dont presque tous les auteurs sont devenus les amis, parce que tous ont expérimenté les rares qualités de ce Normand, qui n'a de normand que la finesse de l'intelligence et l'entêtement pour tout ce qui est juste et bon.

Personne ne le sait mieux que moi, mon cher Lemerre, puisque nous sommes liés depuis trente-cinq années. Nous avons connu ensemble les difficiles tâtonnements des débuts et les joies des jours de succès. Nous avons assisté ensemble à d'heureuses fêtes de famille, et passé, hélas! par les mêmes cruelles épreuves. Pendant cette longue suite d'années, j'ai toujours trouvé en vous un esprit fier, un caractère solidement trempé, un compagnon prompt à partir en guerre pour défendre son droit, mais prompt également à rendre service à tous; un homme enfin dont la parole vaut de l'or, et dont le cœur aussi est d'or.

C'est pourquoi, mon cher ami, comme conclusion, je vais vous donner l'accolade et vous embrasser sur les deux joues.

TOAST

DE

Monsieur André Lemoyne

u nom de la grande et sainte poésie, au nom de la belle prose, nerveuse et colorée, je porte un toast d'allégresse à l'heureux éditeur des chefs-d'œuvre littéraires de notre époque.

Et dans cette mémorable soirée fraternelle, évoquant un souvenir de Balzac, nous sommes vraiment charmés de nous couronner tous sur la tête du triomphateur.

TOAST

DE

Monsieur Paul Hervieu

—

E n'ai pas de discours sur moi;
mais, du moins, j'ai pour vous
un toast dans le cœur. C'est de
vous répéter, à mon tour, com-
bien nous nous réjouissons,
dans la famille des lettres, de cette distinction
officielle qui vient récompenser en vous une
vaillante carrière de travail, de probité, de
constance envers vos amitiés, de fidèle amour

du livre. Et puisque moi, simple prosateur, je lève ma coupe en l'honneur de l'éditeur des poètes, il me sied de finir par un vers qui ne soit pas de moi :

Mon to-ast n'est pas grand, mais je bois dans mon toast.

POUR ALPHONSE LEMERRE

Honneur à toi! Ce soir la Muse te salue.
Elle illustre ton œuvre, ô Maître, et pour ton front
Tresse la clématite et l'olivier fécond
Aux fruits du noir laurier qu'un frais zéphyr remue.

Honneur à toi! souris à la Gloire impollue
Qui plane triomphante au-dessus de l'affront
Et couronne tes jours d'un suprême fleuron.
Laisse à de doux pensers s'ouvrir ton âme émue.

Car dans un même accord, romanciers et lettrés,
Artistes et savants, poètes inspirés,
S'unissent pour fêter le labeur qui t'honore.

Va! ton noble Présent proclame ton Passé.
Fidèle d'Apollon, tu le chéris encore:
Sois fier! Tu survivras quand nous aurons passé.

PIERRE DE BOUCHAUD.

A ALPHONSE LEMERRE

OFFICIER DE LA LÉGION D'HONNEUR

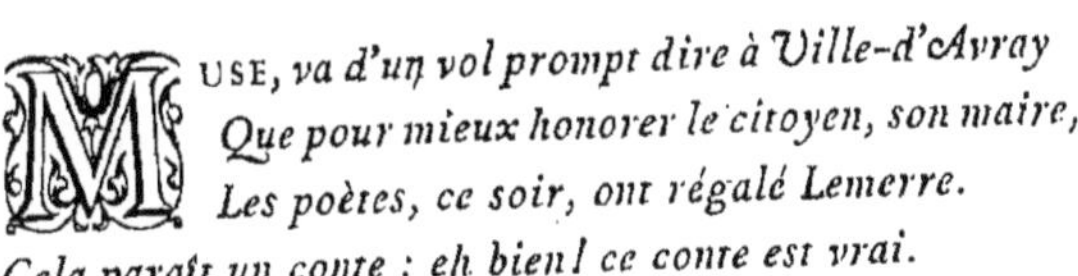

USE, va d'un vol prompt dire à Ville-d'Avray
Que pour mieux honorer le citoyen, son maire,
Les poètes, ce soir, ont régalé Lemerre.
Cela paraît un conte : eh bien! ce conte est vrai.

Oui, j'ai vu de mes yeux ce dîner de victoire,
Par les bons porte-lyre et par les prosateurs
Offert comme un triomphe au roi des éditeurs,
Qui les lance au succès et les mène à la gloire.

Les romanciers cossus ont mis la fête en train
Et prêté maint louis aux rimeurs dans la dèche,
Qui d'ailleurs le rendront lorsque l'homme à la bêche
Leur gagnera des prix au palais Maȝarin.

Ils sont là, très nombreux, les discrets, les modestes,
Aussi bien que les forts et glorieux vainqueurs
Qui transportent la foule et subjuguent les cœurs,
Ceux dont on sait les noms et dont on dit les gestes.

Même j'ai vu, sortant du repos du linceul
Ou délaissant un jour la paix de leur campagne,
Les morts et les absents, à l'heure du champagne,
Boire au vaillant patron du passage Choiseul.

Ils sont venus, depuis les sept de la Pléiade,
Avec Marot, avec Régnier, avec Ronsard,
Jusqu'aux maîtres d'hier, aux princes du grand art,
Et le vieux Gutenberg guidait leur escouade.

Molière devisait avec l'ami Boileau,
Corneille était pensif auprès du doux Racine,
Sévigné minaudait avec une voisine,
La Fontaine, rêveur, contemplait ce tableau.

Voltaire, dans un coin et debout dans sa mante,
Penchait son vaste front où rayonnent ses yeux ;
Chénier cherchait le vers ou l'hymne radieux
Qui dit la forme pure et la grâce charmante.

Châteaubriand trônait ainsi qu'un empereur ;
Non loin de lui, Hugo, l'empereur des poètes,
Regardait d'un rocher le vol gris des mouettes
Et semblait commander à la mer en fureur.

Lamartine, quittant le chœur des harmonies,
Saluait de Vigny, descendu de sa tour,
Et Musset toujours jeune en l'immortel amour :
Toi, Muse, tu venais sourire à ces génies.

De Laprade tendait sa main franche à Barbier,
Paul-Louis se dressait dans sa fière assurance,
Michelet méditait sur l'Histoire de France,
Sainte-Beuve admirait un sonnet de Gautier.

Stendhal broyait du rouge et du noir d'épopée,
Baudelaire écoutait un air de clavecin,
Paul Arène et Cladel, sans but et sans dessein,
Allaient humer l'odeur de la sauge coupée.

Les Goncourt discutaient ainsi qu'en leur grenier,
Daudet, beau comme un dieu de la Rome païenne,
Se laissait caresser par sa belle Arlésienne,
Lacaussade lisait l'Elkovan de Grenier.

Dame Ackermann parlait à Leconte de Lisle,
George Sand à Flaubert, Marceline à Brizeux,
Siéfert à Soulary ; le vin d'Aï mousseux
Chantait en répondant aux rimes de Banville.

Muse, vois en ce lieu nos grands contemporains,
Les écrivains fameux, les artistes de race,
Les rares ouvriers, les élus du Parnasse,
Les semeurs d'idéal et les penseurs sereins.

De la Bibliothèque où l'OEuvre est enfermée,
Leur esprit rayonnant vient ce soir parmi nous ;
Même elle est en gâteaux * ; nous y goûterons tous :
La salle du cénacle en sera parfumée.

Muse, reconnais bien tes fidèles servants,
En toi communiant autour de leur Mécène ;
A tes adorateurs romps le pain de la cène :
Ils t'en remercieront en des rythmes fervents.

Leurs yeux sont enivrés quand ils touchent ton voile.
Garde à tous tes faveurs, donne à tous des baisers !
Leurs rêves vont à toi, comme à toi leurs pensers :
N'es-tu pas leur orgueil, leur joie et leur étoile ?

Belle, ne sais-tu pas que Sully t'aime encor ?
Bientôt, crois-en nos cœurs, te reviendra Coppée ;
Heredia pour toi sculpte un nouveau trophée,
Et Dierx va te bercer avec des strophes d'or.

Theuriet, pour t'en parer, cueillera des pervenches,
Dorchain sait pour tes soirs quelque conte très pur,
Fabié t'apportera des insectes d'azur,
Et Breton des épis avec des roses blanches.

* Les gâteaux jaunes du banquet avaient la forme de livres
édités par Alphonse Lemerre et en portaient les titres.

*Mistral te conduira vers les clairs golfes bleus
De sa Provence, au son des violes joyeuses,
Et Lahor, au pays des flores merveilleuses,
T'apprendra la douceur des Boudhas fabuleux.*

*France t'invite encore aux îles d'Ionie,
Vers la Grèce, ta mère, et ses temples sacrés ;
De Guerne et Haraucourt des âges vénérés
Te diront la splendeur ou la lente agonie.*

*André Lemoyne et ses marins ramèneront
Ta barque aux flots d'Armor ; les bergers de la lande
Tresseront pour tes sœurs des genêts en guirlande,
Et ceindront des rameaux de chênes à ton front.*

*Paris ira t'attendre aux salons d'arrivée
Et, pour te recevoir dignement au retour,
Lafenestre ouvrira tout le Louvre à ta cour,
Et nous acclamerons la Reine retrouvée.*

*Depont et Richepin t'offriront de l'encens,
Et Mérat des bijoux ; puis Jules Claretie,
D'un sourire apaisant toute la Comédie,
Fera signe à Hervieu qu'il te faut des présents.*

*Ledrain même, fouillant les poussières antiques,
Y trouva pour ta gloire un hymne très pieux
Qu'à Délos on chantait à la fille des Dieux,
Et ce sera pour toi le plus beau des cantiques.*

Pour délasser enfin tes loisirs curieux,
Lesueur te dira les souffrances d'une âme,
Et Prévost, t'écrivant des billets pleins de flamme,
Te fera remonter jusqu'aux parvis des cieux.

ENVOI

Muse, porte la croix d'officier à Lemerre !
A toi ta part d'honneur, bonne Ville-d'Avray !
Ceci n'est point un conte et le fait est très vrai :
Les poètes, ce soir, ont décoré ton maire !

FRÉDÉRIC BATAILLE.

Achevé d'imprimer

le vingt-huit février mil neuf cent deux

PAR

ALPHONSE LEMERRE

6, RUE DES BERGERS

A PARIS